THE

S O R G E G O N D O L E N

SELECTED PUBLICATIONS IN ENGLISH
BY TOMAS TRANSTRÖMER

The Great Enigma, trans. by Robin Fulton
(New Directions, 2006)

The Half-Finished Heaven, trans. by Robert Bly
(Graywolf Press, 2001)

For the Living and the Dead, ed. by Daniel Halpern
(Ecco Press, 1995)

Selected Poems 1954-1986, ed. by Robert Hass
(Ecco Press, 1986)

Baltics, trans. by Samuel Charters
(Oyez, 1975)

Windows and Stones, trans. by May Swenson
(Pitt Poetry Series, 1972)

THE SORROW GONDOLA
S O R G E G O N D O L E N

TOMAS TRANSTRÖMER

Translated by Michael McGriff
& Mikaela Grassl

GREEN INTEGER
KØBENHAVN
& LOS ANGELES
2·0·1·0

GREEN INTEGER BOOKS
Edited by Per Bregne
København / Los Angeles

Distributed in the United States by Consortium Book
Sales and Distribution/Perseus
Distributed in England and throughout Europe by
Turnaround Publisher Services
Unit 3, Olympia Trading Estate
Coburg Road, Wood Green, London N22 6TZ
44 (0)20 88293009
(323) 857-1115 / http://www.greeninteger.com
Green Integer
6022 Wilshire Boulevard, Suite 200A
Los Angeles, California 90036 USA

First Green Integer Edition 2010
©1996 by Tomas Tranströmer
Published originally as *Sorgegondolen*
(Stockholm: Albert Bonniers Förlag, 1996)
English language translation © 2010 by Michael McGriff
Published by permission of the author and translator
Back cover material © 2010 by Green Integer

Series Design: Per Bregne
Book Design and Typography: Michael McGriff
Author photo: Paula Tranströmer

LIBRARY OF CONGRESS IN PUBLICATION DATA
Tomas Tranströmer [1931]
The Sorrow Gondola
ISBN: 978-1-933382-44-9
p. cm – Green Integer 177
I. Title II. Series III. Translator: Michael McGriff
Green Integer books are published for Douglas Messerli
Printed in the United States of America on acid-free paper

CONTENTS

THE SORROW GONDOLA

SORGEGONDOLEN

April och tystnad

Våren ligger öde.
Det sammetsmörka diket
krälar vid min sida
utan spegelbilder.

Det enda som lyser
är gula blommor.

Jag bärs i min skugga
som en fiol
i sin svarta låda.

Det enda jag vill säga
glimmar utom räckhåll
som silvret
hos pantlånaren.

April and Silence

Spring lies deserted.
The velvet-dark ditch
crawls by my side
without reflections.

All that shines
are yellow flowers.

I'm carried in my shadow
like a violin
in its black case.

The only thing I want to say
gleams out of reach
like the silver
in a pawnshop.

Osäkerhetens rike

Byråchefen lutar sig fram och ritar ett kryss
och hennes örhängen dinglar som
    damoklessvärd.

Som en spräcklig fjäril blir osynlig mot marken
flyter demonen ihop med den uppslagna
    tidningen.

En hjälm som bärs av ingen har tagit makten.
Modersköldpaddan flyr flygande under vattnet.

In the Kingdom of Insecurity

As the under-secretary leans forward and draws
      an X
her earrings dangle like the sword above Damocles.

As a speckled butterfly turns invisible against the
      earth
the demon merges with the opened newspaper.

A helmet worn by no one seizes power.
A mother tortoise escapes, flying underwater.

Nattboksblad

Jag landsteg en majnatt
i ett kyligt månsken
där gräs och blommor var grå
men doften grön.

Jag gled uppför sluttningen
i den färgblinda natten
medan vita stenar
signalerade till månen.

En tidrymd
några minuter lång
femtioåtta år bred.

Och bakom mig
bortom de blyskimrande vattnen
fanns den andra kusten
och de som härskade.

Människor med framtid
i stället för ansikten.

A Page from the Nightbook

One night in May I stepped ashore
through a cool moonlight
where the grass and flowers were gray
but smelled green.

I drifted the slope
in the colorblind night
while white stones
signaled to the moon.

In a period
a few minutes long
and fifty-eight years wide.

And behind me
beyond the lead-shimmering water
lay the other shore
and those who ruled.

People with a future
instead of faces.

Sorgegondol nr 2

I.

Två gubbar, svärfar och svärson, Liszt och
    Wagner, bor vid Canal Grande
tillsammans med den rastlösa kvinnan som är
    gift med kung Midas
han som förvandlar allting han rör vid till
    Wagner.
Havets gröna köld tränger upp genom golven i
    palatset.
Wagner är märkt, den kända kasperprofilen är
    tröttare än förr
ansiktet en vit flagg.
Gondolen är tungt lastad med deras liv, två tur
    och retur och en enkel.

The Sorrow Gondola (no. 2)

I.

Two old men, a father-in-law and a son-in-law—
    Liszt and Wagner—live near Canal Grande
along with the restless woman who married
    King Midas
the man who turns everything he touches into
    Wagner.
The green chill of the sea rises through the
    palace floor.
Wagner is marked, the familiar Mr. Punch profile
    grown weary
the face a white flag.
The gondola is overloaded with their lives, two
    round-trips and a one-way.

II.

Ett fönster i palatset flyger upp och man
      grimaserar i det plötsliga draget.
Utanför på vattnet visar sig sopgondolen
      paddlad av två enårade banditer.
Liszt har skrivit ner några ackord som är så
      tunga att de borde skickas
till mineralogiska institutionen i Padova för
      analys.
Meteoriter!
För tunga för att vila, de kan bara sjunka och
      sjunka genom framtiden ända ner
till brunskjortornas år.
Gondolen är tungt lastad med framtidens
      hopkurade stenar.

II.

A palace window flies open and those inside
      grimace at the sudden draft.
The garbage gondola appears on the water,
      paddled by two one-oared bandits.
Liszt has composed a few chords so heavy they
      should be rushed
to Padua's mineralogical institute for analysis.
Meteors!
Too heavy to rest, they sink and sink through
      the future all the way down
to an era of Brownshirts.
The gondola is overloaded with the crouching
      stones of the future.

III.

Gluggar mot 1990.

25 mars. Oro för Litauen.
Drömde att jag besökte ett stort sjukhus.
Ingen personal. Alla var patienter.

I samma dröm en nyfödd flicka
som talade i fullständiga meningar.

III.

Pinholes opening toward 1990.

March 25th. Anxiety over Lithuania.
In the dream I visited a large hospital.
No staff. Everyone was a patient.

In the same dream a newborn girl
spoke entire sentences.

IV.

Bredvid svärsonen som är tidens man är Liszt
          en maläten grandseigneur.
Det är en förklädnad.
Djupet som prövar och förkastar olika masker
          har valt just den här åt honom –
djupet som vill stiga in till människorna utan att
          visa sitt ansikte.

IV.

Next to his son-in-law, who's a man of the
        times, Liszt is moth-eaten, a grandseigneur.
It's a disguise.
The deep, which tries on and discards its various
        masks, has chosen this mask for him—
the deep that wants to climb into a man without
        showing its face.

V.

Abbé Liszt är van att bära sin resväska själv
     genom snöglopp och solsken
och när han en gång skall dö är det ingen som
     möter vid stationen.
En ljum bris av mycket begåvad konjak för
     honom bort mitt i ett uppdrag.
Han har alltid uppdrag.
Tvåtusen brev om året!
Skolpojken som skriver det felstavade ordet
     hundra gånger innan han får gå hem.
Gondolen är tungt lastad med liv, den är enkel
     och svart.

V.

Abbé Liszt is used to hauling his suitcase
        through the slush and the sun alone
and when his death arrives no one will meet him
        at the station.
The temperate breeze of a gifted cognac carries
        him off during the middle of a commission.
He is always commissioned.
Two thousand letters a year!
The schoolboy who copies the same misspelled
        word a hundred times before he's sent home.
The gondola is overloaded with life, it is simple
        and black.

VI.

Åter till 1990.

Drömde att jag körde tjugo mil förgäves.
Då förstorades allt. Sparvar stora som höns
sjöng så att det slog lock för öronen.

Drömde att jag ritat upp pianotangenter
på köksbordet. Jag spelade på dem, stumt.
Grannarna kom in för att lyssna.

VI.

Back to 1990.

In the dream I drove over a hundred miles for
        nothing.
Then everything grew and grew. Sparrows the
        size of hens
sang me into deafness.

In the dream I drew piano keys
on the kitchen table. I played them, without a
        sound.
The neighbors came in to listen.

VII.

Klaveret som har tigit genom hela Parsifal (men
        lyssnat) får äntligen säga något.
Suckar…sospiri…
När Liszt spelar ikväll håller han havspedalen
        nertryckt
så att havets gröna kraft stiger upp genom
        golvet och flyter samman med all sten i
        byggnaden.
Godafton vackra djup!
Gondolen är tungt lastad med liv, den är enkel
        och svart.

VII.

The keyboard that's remained silent through the
      whole of Parsifal (but has been listening)
      finally gets to speak.
Sighs…sospiri…
Tonight while Liszt plays he holds the sea-pedal
      down
and a green force rises through the floor, merging
      with every stone in the building.
Good night, beautiful deep!
The gondola is overloaded with life, it is simple
      and black.

VIII.

Drömde att jag skulle börja skolan men kom
        försent.
Alla i rummet bar vita masker för ansiktet.
Vem som var läraren gick inte att säga.

Vid årsskiftet 1882/1883 besökte Liszt sin dotter Cosi-
ma och hennes man, Richard Wagner, i Venedig. Wag-
ner dog några månander senare. Under denna tid kom-
ponerade Liszt två piano-stycken som publicerades
under titeln "Sorgegondol".

VIII.

In the dream it was the first day of school and I
    showed up late.
Everyone in the room wore a white mask.
Impossible to know which was the teacher.

During late 1882 and early 1883, Liszt visited his
daughter Cosima and her husband Richard Wagner in
Venice. During this time, Liszt composed two piano
pieces that he later published under the titles *La lugubre
gondola I* and *II*. Wagner died shortly after Liszt's visit.
[Tranströmer's note]

Landskap med solar

Solen glider fram bakom husväggen
ställer sig mitt i gatan
och andas på oss
med sin röda blåst.
Innsbrück jag måste lämna dig.
Men i morgon
står en glödande sol
i den halvdöda grå skogen
där vi skall arbeta och leva.

Landscape with Suns

The sun emerges from behind the house
stands in the middle of the street
and breathes on us
with its red wind.
Innsbrück I must leave you.
But tomorrow
there will be a glowing sun
in the gray, half-dead forest
where we must work and live.

November i forna DDR

Det allsmäktiga cyklopögat gick i moln
och gräset ruskade på sig i koldammet.

Mörbultade av nattens drömmar
stiger vi ombord på tåget
som stannar vi varje station
och lägger ägg.

Det är ganska tyst.
Klångandet från kyrkklockornas ämbar
som hämtat vatten.
Och någons obevekliga hosta
som skäller på allt och alla.

Ett stenbeläte rör sina läppar:
det är staden.
Där råder järnhårda missförstånd
bland kioskbiträden slaktare
plåtslagare marinofficerare
järnhårda missförstånd, akademiker.

November in Former East Germany

The almighty Cyclops's eye disappeared in the
    clouds
and the grass shook itself in the coal dust.

Pounded from last night's dreams
we board the train
that stops at every station
and lays an egg.

Nearly silent.
The clang of church bells' buckets
fetching water.
And someone's relentless cough
scolding everything and everyone.

A stone idol moves its lips:
it is the city.
Ruled by iron-hard misunderstandings
among kiosk attendants butchers
metal-workers naval officers
iron-hard misunderstandings, academics.

Vad mina ögon värker!
De har läst vid lysmasklampornas matta sken.

November bjuder på karameller av granit.
Oberäkneligt!
Som världshistorien
som skrattar på fel ställe.

Men vi hör klångandet
från kyrkklockornas ämbar när de hämtar vatten
varje onsdag
—är det onsdag?—
där har vi för våra söndagar!

How my eyes ache!
They've been reading by the half-light of the
    glowworms' lamps.

November offers candies made of granite.
Unpredictable!
Like world history
laughing at the wrong place.

But we hear the clang
of the church bells' buckets as they gather water
every Wednesday
—is it Wednesday?—
so much for our Sundays!

Från juli 90

Det var en begravning
och jag kände att den döde
läste mina tankar
bättre än jag själv.

Orgeln teg, fåglarna sjöng.
Gropen ute i solgasset.
Min väns röst höll till
på minuternas baksida.

Jag körde hem genomskådad
av sommardagens glans
av regn och stillhet
genomskådad av månen.

From July '90

It was a funeral
and I recognized that the dead man
read my thoughts
better than I could.

The organ kept silent, the birds sang.
The grave under the blazing sun.
My friend's voice dwelled
on the far side of the minutes.

I drove home exposed
by the glassy shine of summer
by the rain and calm
shot-through by the moon.

Goken

En gök satt och hoade i björken strax norr om huset. Den var så högröstad att jag först trodde att det var en operasångare som utförde en gökimitation. Förvånad såg jag fågeln. Stjärtfjädrarna rörde sig upp och ner för varje ton, som handtaget på en pump. Fågeln hoppade jämfota, vände sig om och skrek åt alla väderstreck. Sedan lyfte den och flög småsvärande över huset och långt bort i väster…Sommaren åldras och allt flyter ihop till ett enda vemodigt sus. Cuculus canorus återvänder till tropikerna. Dess tid i Sverige är över. Den blev inte lång! I själva verket är göken medborgare i Zaire… Jag är inte längre så förtjust i att resa. Men resan besöker mig. Nu när jag trängs in alltmer i ett hörn, när årsringarna växer, när jag behöver läsglasögon. Det händer alltid mycket mer än vi kan bära! Det finns inget att förvånas över. Dessa tankar bär mig lika trofast som Susi och Chuma bar Livingstones mumie tvärs genom Afrika.

The Cuckoo

A cuckoo sang in a birch tree just north of the house. It was so loud that at first I thought it was an opera singer imitating a cuckoo. Surprised I saw the bird. Its tail feathers moved up and down with each note like a pump handle. The bird hopped, turned around, and screamed to every point of the compass. Then it lifted into the air and flew over the house and far to the west, cursing under its breath…The summer grows old, everything flows together and forms a single melancholy whisper. Cuculus canorus returns to the tropics. Its time in Sweden is over. It didn't last long! In fact, the cuckoo is a citizen of Zaire…I am no longer fond of traveling. But the journey visits me. Now that I'm being pushed farther into a corner, now that the tree-rings multiply and I need reading glasses. What happens is always more than we can carry. There's nothing to be surprised about. These thoughts carry me as faithfully as Susi and Chuma carried Livingstone's mummified corpse through Africa.

Tre strofer

I.

Riddaren och hans fru
förstenade men lyckliga
på ett flygande kistlock
utanför tiden.

Three Stanzas

I.

The knight and his lady
turned to stone but happy
on a flying coffin lid
outside time.

II.

Jesus höll upp ett mynt
med Tiberius i profil
en profil utan kärlek
makten i omlopp.

II.

Jesus held up a coin
with Tiberius in profile
a profile without love
power in circulation.

III.

Ett rinnande svärd
utplånar minnena.
I marken rostar
trumpeter och gehäng.

III.

A streaming sword
wipes out the memories.
Trumpets and sword belts
rust in the ground.

Som att vara barn

Som att vara barn och en oerhörd förolämpning
träs över ens huvud som en säck
genom säckens maskor skymtar solen
och man hör körsbärsträden gnola.

Men det hjälper inte, den stora förolämpningen
täcker huvud och torso och knän
och man rör sig sporadiskt
men gläds inte åt våren.

Ja, skimrande mössa drag ner den över ansiktet
stirra genom maskorna.
På fjärden myllrar vattenringarna ljudlöst.
Gröna blad förmörkar jorden.

Like Being a Child

Like being a child and a tremendous insult
is slipped over your head like a sack—
glints of sunshine work through the mesh
and the hum of cherry trees.

But that won't help, the great insult
covers head and torso and knees
and though you can squirm
thoughts of spring bring you nothing.

Yes, shimmering wool cap, pull it down over
        your face
stare through the stitching.
Water-rings swarm the bay in dead-silence.
Green leaves darken the earth.

Två Städer

På var sin sida om ett sund, två städer
den ena mörklagd, ockuperad av fienden.
I den andra brinner lamporna.
Den lysande stranden hypnotiserar den mörka.

Jag simmar ut i trance
på de glittrande mörka vattnen.
En dov tubastöt tränger in.
Det är en väns röst, tag din grav och gå.

Two Cities

On each side of the strait, two cities
one blacked out, occupied by the enemy.
In the other the lamps are burning.
The bright shore hypnotizes the dark one.

I swim out in a trance
on the glittering dark waters.
A low tuba-blast pushes into me.
It's a friend's voice, Take your grave and go.

Ljuset strömmar in

Utanför fönstret är vårens långa djur
den genomskinliga draken av solsken
rinner förbi som ett ändlöst
förortståg—vi hann aldrig se huvudet.

Strandvillorna flyttar sig i sidled
de är stolta som krabbor.
Solen får statyerna att blinka.

Det rasande eldhavet ute i rymden
transjorderas till en smekning.
Nedräkningen har börjat.

The Light Streams In

Outside the window, the long beast of spring
the transparent dragon of sunlight
rushes past like an endless
commuter train—we never caught a glimpse of
    its head.

The beach houses moving sideways
they are proud as crabs.
The sun makes the statues blink.

The sea of fire rages out in space
becomes a soft touch on the earth.
The countdown has begun.

Nattlig resa

Det myllrar under oss. Tågen går.
Hotell Astoria darrar.
Ett glas vatten vid sängkanten
lyser i tunnlarna.

Han drömde att han var fånge i Svalbard.
Planeten vred sig mullrande.
Tindrande ögon gick över isarna.
Miraklernas skönhet fanns.

Night Journey

There's a swarming beneath us. The trains are
    running.
Hotel Astoria shivers
a glass of water near the bed
shines in the tunnels.

He dreamt he was a prisoner in Svalbard.
The planet rotated and rumbled.
Glittering eyes walked over the fields of ice.
The beauty of miracles existed.

Haikudikter

I.

Kraftledningarna
spända i köldens rike
norr om all musik.

*

Den vita solen
träningslöper ensam mot
dödens blåa berg.

*

Vi måste leva
med det finstilta gräset
och källarskrattet.

*

Solen står lågt nu.
Våra skuggor är jättar.
Snart är allt skugga.

Haikudikter

I.

The power-lines
stretch through the kingdom of frost
north of all music.

*

The white sun
trains alone, running toward
the blue mountain of death.

*

We must live
with the small script of the grass
and the laughter from cellars.

*

The sun is low now.
Our enormous shadows.
Soon, everything will be overtaken.

II.

Orkidéerna.
Tankbåtar glider förbi.
Det är fullmåne.

II.

Orchids.
Oil tankers glide past.
The moon is full.

III.

Medeltida borg,
främmande stad, kalla sfinx,
tomma arenor.

*

Löven viskade:
ett vildsvin spelar orgel.
Och klockorna slog.

*

Och natten strömmar
från öster till väster med
månens hastighet.

III.

Medieval stronghold,
alien city, cold sphinx,
empty arenas.

*

The leaves whispered:
a wild boar at the organ.
And the bells rang out.

*

And the night pours
from east to west
at the speed of the moon.

IV.

Ett par trollsländor
fasthakade i varann
svirrade förbi.

*

Närvaro av Gud.
I fågelsångens tunnel
öppnas en låst port.

*

Ekar och månen.
Ljus och tysta stjärnbilder.
Det kalla havet.

IV.

A pair of dragonflies
fused together
flitters past.

*

The presence of God.
In the tunnel of birdsong
a locked gate opens.

*

Oak trees and the moon.
Light and silent constellations.
The cold sea.

Från ön 1860

I.

En dag när hon sköljde tvätt från bryggan
steg fjärdens köld upp genom armarna
och in i livet.

Tårarna frös till glasögon.
Ön lyfte sig själv i gräset
och strömmingsfanan vajade i djupet.

From the Island, 1860

I.

Once, while washing clothes at the dock
the chill of the strait climbed through her arms
and into her being.

Her frozen tears became a pair of glasses.
The island rose through the grass
and a banner of Baltic herring swayed in the
       depths.

II.

Och koppornas svärm hann upp honom
slog ner på hans ansikte.
Han ligger och stirrar i taket.

Hur det roddes uppför tystnaden.
Nuets evigt rinnande fläck
nuets evigt blödande punkt.

II.

And a swarm of smallpox finally caught him
and beat his face.
Lying down, he stares at the ceiling.

To row up through the silence.
The eternally streaming moment and its stain.
The eternally bleeding point of the moment.

Tystnad

Gå förbi, de är begravda…
Ett moln glider över solskivan.

Svälten är en hög byggnad
som flyttar sig om natten

i sovrummet öppnar sig en hisstrummas
mörka stav mot innandömena.

Blommor i diket. Fanfar och tystnad.
Gå förbi, de är begravda…

Bordssilvret överlever i stora stim
på stort djup där Atlanten är svart.

Silence

Walk by, they are buried…
A cloud floats over the sun's disc.

Starvation is a tall building
moving in the night

in the bedroom an elevator's dark shaft
opens toward the interior.

Flowers in the ditch. Fanfare and silence.
Walk by, they are buried…

The silverware survives in large schools
at the depths where the Atlantic is black.

Midvinter

Ett blått sken
strömmar ut från mina kläder.
Midvinter.
Klirrande tamburiner av is.
Jag sluter ögonen.
Det finns en ljudlös värld
det finns en spricka
där döda
smugglas över gränsen.

Midwinter

A blue light
radiates from my clothing.
Midwinter.
Clattering tambourines of ice.
I close my eyes.
There is a silent world
there is a crack
where the dead
are smuggled across the border.

En skiss från 1844

William Turners ansikte är brunt av väder
han har sitt staffli längst ute bland bränningarna.
Vi följer den silvergröna kabeln ner i djupen.

Han vadar ut i det långgrunda dödsriket.
Ett tåg rullar in. Kom närmare.
Regn, regn färdas över oss.

A Sketch from 1844

William Turner's face is brown from the weather
he sets his easel far out among the breakers.
We follow the silver-green cable to the depths.

He wades into the shallow kingdom of the dead.
A train rolls in. Come closer.
Rain, rain journeys over us.

THE PIP [PROJECT FOR INNOVATIVE POETRY]
SERIES OF WORLD POETRY OF THE 20TH CENTURY

VOLUME 1 Douglas Messerli, ed.
*The PIP Anthology of World Poetry of the 20th
Century*
[1-892295-47-4] $15.95

VOLUME 2 Douglas Messerli, ed.
*The PIP Anthology of World Poetry of the 20th
Century*
[1-892295-94-6] $15.95

VOLUME 3 Régis Bonvicino, Michael Palmer and
Nelson
Ascher, eds.; Revised with a Note by Douglas Messerli
*The PIP Anthology of World Poetry of the 20th
Century: Nothing the Sun Could Not Explain—
20 Contemporary Brazilian Poets*
[1-931243-04-2] $15.95

VOLUME 4 Douglas Messerli, ed.
*The PIP Anthology of World Poetry of the 20th
Century*
[1-892295-87-3] $15.95

VOLUME 5 Douglas Messerli, ed.
*The PIP Anthology of World Poetry of the 20th
Century:
Intersections—Innovative Poetry in Southern
California*
[1-931243-73-5] $15.95

VOLUME 6 Peter Glassgold, ed.; Revised and Expanded,
with a Note by Douglas Messerli
Living Space: Poems of the Dutch Fiftiers
[1-933382-10-4] $18.95

VOLUME 7 Douglas Messerli, ed.,
*At Villa Aurora: Nine Contemporary Poets Writing in
German*
[1-933382-68-6] $15.95

THE MARJORIE G. PERLOFF SERIES
OF INTERNATIONAL POETRY

This series is published in honor of Marjorie G. Perloff
and her contributions, past and present, to the literary
criticism of international poetry and poetics. Perloff's
writing and teaching have been illuminating and
broad-ranging, affecting even the publisher of
Green Integer; for without her influence and
friendship, he might never have engaged
in publishing poetry.

Selections from the Series

Yang Lian *Yi* (GI 35) [China]

Lyn Hejinian *My Life* (GI 39) [USA]

Hagiwara Sakutarō *Howling at the Moon* (GI 57)
[Japan]

Adonis *If Only the Sea Could Sleep* (GI 84) [Syria/
Lebanon]

Henrik Nordbrandt *The Hangman's Lament* (GI 95)
[Denmark]

André Breton *Earthlight* (GI 102) [France]

Paul Celan *Breathturn* (GI 111) [Bukovina/France]

Paul Celan *Threadsuns* (GI 112) [Bukovina/France]

Gilbert Sorrentino *New and Selected Poems* (GI 143)
[USA]

ACKNOWLEDGMENTS

These translations first appeared in *Agni, Crazyhorse, Exile: The Literary Quarterly, Field, Northwest Review, Poetry Northwest,* and *The House of Your Dream: An International Collection of Prose Poetry* (White Pine Press).

The translators thank Eavan Boland, Britta Ameel, Robert Bly, Lars Gustafsson, and Torbjörn Schmidt for editorial advice, and gratefully acknowledge the generosity of Tomas and Monica Tranströmer.